S0-AFI-955

Índice

rourkeeducationalmedia.com

¿Puedes encontrar estas palabras?

cosechas

festín

nativos

peregrinos

El primer Día de Acción de Gracias.

peregrinos

Los **peregrinos** abandonaron Inglaterra. Navegaron a otras tierras.

Había gente que vivía en esas tierras.
Los llamamos **nativos.**

4

Ayudaron a los peregrinos.

5

Los peregrinos aprendieron a sembrar maíz.

Aprendieron a sembrar frijoles.

Tuvieron una **cosecha.**

cosecha

Tuvieron alimentos para el invierno.

Los peregrinos y los nativos se mostraron agradecidos.

festín

Hicieron un **festín**.

El festín duró tres días.

Este fue el primer Día de Acción de Gracias.

¿Encontraste estas palabras?

Tuvieron una **cosecha.**

Hicieron un **festín.**

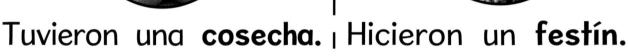

Los llamamos **nativos.**

Los **peregrinos** abandonaron Inglaterra.

Glosario fotográfico

cosecha: temporada en que se recogen los cultivos.

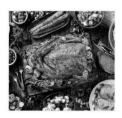
festín: festejo con mucha comida y bebidas.

nativos: personas que vivían en un lugar antes de que llegasen los forasteros.

peregrinos: grupo de personas que abandonaron Inglaterra para ir a América en 1620.

Índice analítico

Sobre la autora

A Terri Fields le encanta leer y escribir para niños. Cuando no está leyendo o escribiendo, le gusta pasear por la playa.

© 2020 Rourke Educational Media

All rights reserved. No part of this book may be reproduced or utilized in any form or by any means, electronic or mechanical including photocopying, recording, or by any information storage and retrieval system without permission in writing from the publisher.

www.rourkeeducationalmedia.com

PHOTO CREDITS: Cover: ©DNY59; p.2,10,14,15: ©LauriPatterson; p.2,8,14,15: ©Pierre Desrosiers; p.2,4,14,15: ©Science History Images/©Alamy Stock Photo; p.2,3,14,15: ©North Wind Pictures Archives/©Alamy Stock Photo; p.6: ©venturecx; p.7: ©tab1962; p.12: ©GL Archive/©Alamy Stock Photo.

Edición: Keli Sipperley
Diseño de la tapa e interior: Rhea Magaro-Wallace
Traducción: Santiago Ochoa
Edición en español: Base Tres

Library of Congress PCN Data
El primer Día de Acción de Gracias / Terri Fields
(Tiempo para descubrir)
ISBN (hard cover - spanish)(alk. paper) 978-1-73160-542-9
ISBN (soft cover - spanish) 978-1-73160-556-6
ISBN (e-Book - spanish) 978-1-73160-549-8
ISBN (e-Pub - spanish) 978-1-73160-720-1
ISBN (hard cover - english)(alk. paper) 978-1-64156-206-5
ISBN (soft cover - english) 978-1-64156-262-1
ISBN (e-Book - english) 978-1-64156-310-9

Library of Congress Control Number: 2018967499

Printed in the United States of America, North Mankato, Minnesota